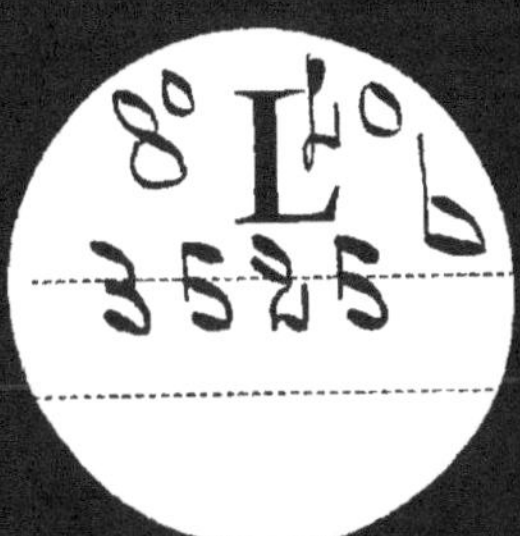

DISCOURS

SUR

LES TITRES DE *SIRE* ET DE *MAJESTÉ*,

Conservés au Roi par l'ajournement du Décret du 5 Octobre 1791,

Prononcé dans la Société des Amis de la Constitution de Marseille, le 16 Octobre, l'an troisième de la liberté, par M. BARBAROUX, Homme de Loi.

CITOYENS,

L'ASSEMBLÉE NATIONALE LÉGISLATIVE a décrété, dans sa séance du 5 Octobre, que dans le cas où son Président aurait été chargé d'adresser la parole au Roi, il ne lui donnerait , conformément à la Constitution, d'autre titre que celui de Roi des Français. Vous aviez applaudi à ce Décret qui relevait la majesté nationale , essentiellement inaliénable , comme tous les droits du Peuple , & qui ne peut reposer sur la tête d'un seul homme. Déjà vous aviez vôté des remercîmens à l'Assemblée Législative. Citoyens ! arrêtez ces élans patriotiques. Le décret du 5 Octobre n'existe plus.

A

Un ajournement en a suspendu l'exécution ; comme si l'on pouvait ajourner un décret dé-jà rendu , & vous aurez encore une Majesté Royale , contre le terme exprès de votre Cons-titution (1).

Ils sont donc bien difficiles à reconquérir ces droits de l'homme , qui sont le seul bien de son existence , & que la main de l'Eternel imprima dans ses yeux , créés pour fixer le Ciel , & non pour se baisser devant un Maître ! Ils sont bien difficiles à déraciner ces préjugés qui ont fait la puissance des Rois & le malheur des Peuples. O Parisiens ! je vous croyais libres: seriez-vous encore des esclaves , & verrions-nous river nos fers par les héros qui renversè-rent la Bastille ?

Sans doute il faut respecter les décisions du Corps législatif ; je dis plus , l'intérêt social force notre obéissance même envers les mauvai-ses lois , parce qu'elles ne sont , aux yeux de la raison , que des lois provisoires , des lois que la philosophie doit effacer un jour , & qu'il serait dangereux de renverser par la licen-ce. Mais lorsque nos Législateurs se trompent , nous devons avoir le courage de le leur dire , & nous opposer sur-tout à la propagation de

---

(1) La personne du Roi est inviolable & sacrée ; *son seul titre est Roi des Français.* Tit. 3. Chap. 2. Art. 12. de la Constitution.

ces idées ferviles que la Capitale nous renvoit, & qui font plus funeftes à la liberté publique que les armées de Léopold.

Difcutons donc la queftion très-importante du titre qu'on doit donner an Roi. Mon intention n'eft pas de vous redire ici les difcours qui furent prononcés le 5 Octobre dans l'Affemblée Nationale. Je veux feulement vous préfenter quelques principes, & réfuter rapidement les fophifmes par lefquels on a combattu la raifon dans la féance du 6 Octobre ; féance que je voudrais effacer à jamais du procès-verbal de la feconde Légiflature.

Le mot *Majefté* annonce la plénitude de la puiffance fouveraine. On dit la Majefté de Dieu, parce qu'il eft le principe de toute exiftence & de tout bien fur la terre. On a dit long-tems la Majefté des Rois, parce que c'eft d'eux qu'émanait tout le mal qui défolait le monde. Dans l'efprit des hommes, l'amour ou la terreur ont prefque toujours produit les mêmes fenfations ; ils adoraient également les bons & les mauvais génies.

Si le Roi eft Souverain, nul doute qu'on ne doive l'appeler Majefté ; mais s'il ne l'eft point, fi cette idée répugne à la raifon humaine, fi la Conftitution l'a profcrite, le Roi ne doit point être appelé Majefté. Ce titre

n'appartient qu'à la collection des 25 millions
d'hommes qui forment la Nation Française,
parce que dans ces 25 millions d'hommes,
réside la puissance souveraine, & qu'ils ont
fait la Constitution & le Roi.

Je ne conçois pas comment on a pu dire
que le titre de Majesté devait être donné au
Roi, parce qu'il était le Représentant du Peuple. Je sais tout ce que ce syftême de repréfen-
tation a d'abfurde, fur-tout dans une Monar-
chie héréditaire ; mais il faut raifonner dans ce
fyftême, puifque la Conftitution l'a voulu.
Or, dans ce fens, fi le titre de Majefté pouvait appartenir au Roi comme Repréfentant
du Peuple, il pourrait appartenir auffi au
Corps Légiflatif, & même aux Juges ; car
le Corps Légiflatif & les Juges font auffi les
Repréfentans du Peuple ; ils font fes délé-
gués pour faire les lois ou pour difpenfer la
juftice, comme le Roi eft fon délégué pour
faire exécuter la loi, qui eft l'expreffion de la
volonté générale, ou pour la fufpendre momen-
tanément, fi elle lui paraît plutôt l'ouvrage des
Repréfentans que l'ouvrage de la volonté publique. Il ne faut pas faire de la prérogative
royale un titre d'ufurpation. Elle eft belle
cette prérogative ! elle ferait la fauve-garde
de la liberté des Peuples, fi les Rois étaient

juftes ; mais elle ne donne pas au Repréfentant du peuple les droits du peuple ; elle ne lui donne pas fa puiffance , fa dignité ; elle ne lui donne donc pas la Majefté du peuple , & fi l'on doit honorer le Roi de 25 millions d'hommes , on ne doit pas s'humilier devant lui , jufqu'à lui proftituer un titre qui , même rigoureufement , n'appartient pas au peuple, qui n'appartient qu'à Dieu.

En Angleterre on appèle le Roi , Majefté ; mais l'Angleterre , qui fut la terre-mère de la liberté , a confervé beaucoup d'inftitutions ferviles. En Angleterre , on ne peut pofféder l'héritage de fon père, fans en avoir obtenu la permiffion de l'Archevêque de Cantorbery. Eft-ce là une belle inftitution ! Les philofophes anglais regardent avec pitié ces monumens de la barbarie de leurs pères ; ils regardent avec pitié l'adulatrice complaifance du Parlement, qui appèle le Roi , Majefté. Pourquoi cite-t-on des Anglais ce qu'ils ont fait de mal ? Il faut citer leur Charte , l'acte d'*habeas corpus*, & le *Mutiny act* , que l'Affemblée légiflative de France aura peut-être enfin le courage d'imiter, en fufpendant tous les pouvoirs des Officiers de l'Armée , dans ces circonftances où prefque tous les Officiers font les ennemis de la révolution.

(6)

Par quels étranges raisonnemens a-t-on combattu ces principes dans la séance du 6 Octobre ? L'un a dit : *une perte générale sur les ac-
tions a renouvelé hier nos craintes & l'espé-
rance des ennemis de la Constitution.* Ainsi une
légère baisse des effets publics , opérée par les
partisans de la Cour, a dirigé les déterminations de l'Assemblée Nationale Législative. Je
n'aurais pas cru que cette Assemblée pût être
conduite par des Courtiers ou des Agioteurs ;
au-lieu de condescendre à ces craintes éphé-
mères , elle devait porter ses regards sur l'agiotage , découvrir la source empoisonnée de
ce jeu , qui creuse le tombeau de l'Etat , &
punir à-la-fois & les Agioteurs du jour , & les
Agioteurs de l'année , & les Agioteurs depuis
la création des Assignats.

Mirabeau lève-toi ! viens au sein de l'Assemblée Nationale ; viens-y combattre l'agiotage corrupteur & les préjugés de nos Repré-
sentans , & l'imprudente légèreté d'un peuple
qui perd déjà le souvenir des Bastilles & de
la suite de son Roi. C'est toi , Mirabeau , c'est
ton génie qu'il fallait à la Tribune Nationale
dans la Séance du 6 Octobre ; l'agiotage ne
s'y serait point montré avec un regard mena-
çant , les cris d'une multitude soudoyée n'au-
raient point arrêté, dans ses premiers pas, l'As-

semblée Légiflative de France. Ta voix aurait
tonné contre les intrigues des efclaves de la
Cour, contre le délire du peuple ; ta voix
aurait ajourné l'Affemblée Légiflative dans les
murs de *Marfeille*.

Un autre Membre a prétendu que le Décret
avait déplu au Roi. Il reviendrait donc ce
tems où nos Rois difaient : *Tel eft notre bon
plaifir*. Doit-il y avoir d'autre plaifir pour les
bons Rois, que celui de confacrer les droits
des Peuples ? Doit-il y avoir parmi nous d'autre volonté que la volonté nationale ? Ah !
n'était-ce pas affez que l'Affemblée Conftituante, oubliant tout ce qu'elle devait au refpect
des propriétés, eût confervé les plaifirs de la
chaffe du Roi fur les propriétés d'autrui ? Fal-
lait-il donner une feconde fois le fcandaleux
exemple d'une condefcendance aveugle , &
dégrader la dignité de la Nation , pour laiffer
au Roi un titre qui n'eft pas fait pour la créa-
ture.

Un Evêque conftitutionnel a dit , que le
peuple était trop éclairé pour ne pas voir qu'il
s'honore en honorant fon Roi. Mais n'eft - ce
pas affez honorer le Roi, que de l'appeler
Roi des Français , c'eft-à-dire , Roi de vingt-
cinq millions d'hommes libres ? N'eft - ce pas
affez l'honorer , que de lui donner une lifte ci-

vile de 25 millions, & des domaines immenfes ?
N'eft-ce pas affez l'honorer, que de lui déférer le
commandement fuprême de l'Armée & de faire
rendre la juftice en fon nom ? La Conftitution
eft remplie , à chaque page , des dons que l'Affemblée Conftituante a fait au Roi , peut-être
au préjudice de la Société. Elle lui a délégué
l'inviolabilité & le plus immenfe pouvoir , &
elle ne l'aurait pas affez honoré ! & il faudrait
au Roi un autre titre de grandeur ! L'honneur
des Rois eft-il donc le déshonneur des Peuples ?

Vous pouvez ftatuer , difait M. Ducaftel ,
de quelle manière le Corps Légiflatif recevra
le Souverain ; expreffion contre laquelle mille
voix fe font élevées, mais qu'il était réfervé d'en-
tendre dans la féance adulatrice du 6 Octobre. Loin de nous , loin de tous les bons Citoyens cette abfurde , cette impie dénomina-
tion. Les peuples n'appartiennent point aux
Rois ; ce font les Rois qui appartiennent aux
peuples.

Enfin, l'abus du raifonnement a été porté ,
dans cette féance , jufqu'à foutenir qu'un Décret n'était définitif qu'après la clôture du procès-verbal ; fyftême qui tend à mettre la volonté de l'Affemblée dans les mains de quelques perfonnes intrigantes & matineufes. Il
me femble voir renaître l'ufage odieux des ci-

(9)

devant Parlemens qui fe croyaient les maîtres
de toucher à leurs arrêts, tant qu'ils n'avaient pas
été fignés , & qui changeaient ainfi leurs déci-
fions au gré de leurs caprices. Le procès-verbal
d'une Affemblée n'eft que le détail fidèle de ce
qui s'y paffe , mais il ne donne aucune fanction
aux déterminations de l'Affemblée. On peut re-
toucher la rédaction d'un verbal , on ne peut
pas en altérer la vérité; on ne peut pas faire qu'un
Décret rendu n'exifte pas; on ne peut pas, fur-
tout , prétendre qu'un Décret ne foit définitif ,
que par la lecture du procès-verbal ; car alors
il fuffirait d'un évènement qui ne permît pas de
faire cette lecture , pour anéantir le Décret ;
alors il ne ferait plus poffible d'envoyer dans
la journée même , à la fanction du Roi , les
lois qui peuvent demander une prompte pro-
mulgation ; alors, enfin , il y aurait deux fanc-
tions aux Décrets , la fanction royale , & la
fanction des Membres les plus matineux de l'Affemblée ; il y aurait auffi deux *Veto* , comme
fi ce mal politique avait befoin d'être multiplié.

Telles font les fragiles raifons qui ont fait
triompher la caufe royale dans la féance du
6 Octobre. Là, s'eft déployé tout l'art de l'adulation & l'idiome de l'efclavage. L'ajournement
n'a pas feulement confervé au Roi le titre de

Majesté, il lui a encore conservé celui de *Sire*, qui, dans le langage des Cours de l'Europe, veut dire Seigneur. O erreur des hommes ! la Constitution avait aboli le régime féodal, & la seconde Législature l'a rappelé du tombeau, pour mettre la Nation entière en servage. Un Seigneur ! il respire donc un autre air que le nôtre ? Il n'est donc pas condamné, comme nous, à rentrer dans le néant ? Oh ! combien les anciens philosophes pensaient avec plus de sagesse. Platon ne voulait pas que les Magistrats fussent appelés les Seigneurs, mais les gardiens & les serviteurs du peuple ; il ne voulait pas non plus que les peuples fussent nommés sujets, parce que les Magistrats & les Rois sont à leurs gages.

Pourquoi, dit Milton, dans son immortelle défense du peuple Anglais, pourquoi craindrions-nous de soutenir qu'un Roi n'est que le serviteur de sa Nation, puisqu'à Rome, le Sénat, maître de tant de Rois, s'honorait de dépendre du peuple. Tibère, lui-même, le plus pervers des tyrans, rendit hommage à cette éternelle vérité, lorsqu'au rapport de Suétone, il se tint pour offensé par un Citoyen qui lui donnait le titre de Seigneur. Sans doute il reconnaissait sa dépendance du peuple, lorsqu'adressant la parole au Sénat, il dit : « Pères conscripts, j'ai

» déclaré plufieurs fois, comme je le fais main-
» tenant, qu'un prince, à qui vous avez confié
» librement une auffi grande autorité, devait
» fervir à-la-fois le Sénat & le peuple. Je ne
» me répens pas de cet aveu ; jufqu'ici je me
» fuis applaudi de vous avoir pour maître ; je
» le fais encore ».

A Rome, les Empereurs, en entrant au Cir-
que, fe profternaient devant le peuple en figne
de fa fouveraineté. Combien nous fommes loin
de ces fages inftitutions, nous qui confervons
au Roi les titres de Sire & de Majefté !

Non : l'Affemblée Légiflative délibérera fur
fon ajournement ; l'Affemblée Légiflative re-
prendra l'énergie que doivent avoir les Repréfentans de vingt-cinq millions d'hommes libres !
elle n'avilira pas la Royauté ; mais elle n'avilira pas le peuple. La Conftitution a voulu que
le Roi fût appelé Roi des Français : il s'appè-
lera feulement Roi des Français.

Citoyens, tant que vous conferverez dans
vos cœurs l'amour de la liberté & le refpect
des Lois, rien ne pourra dégrader votre dignité.

Si, comme vous, je jouiffais du droit de pé-
tition, fi mon âge me donnait la faculté de
parler en Citoyen, je dirais au Corps Légiflatif :

Légiflateurs ! les opinions religieufes font

(12)

libres , & mon opinion religieufe eft de ne
donner qu'à Dieu les titres de Seigneur & de
Majefté.

Je dirais au Roi :

Roi des Français , je ne fuis point l'ami des
Rois , mais je légitime & refpecte celui que
m'a donné la Conftitution ; tant que vous
parlerez au nom des Lois , je vous obéirai ,
mais je ne m'avilirai point par l'adulation.
Jamais vous n'aurez pour moi la majefté de
Dieu , jamais vous ne ferez pour moi le Seigneur de la Nation.

Citoyens : je fais la motion d'ordre , que le
Roi ne foit jamais appelé des noms de Sire
& de Majefté , dans le fein de l'Affemblée
Patriotique.

*N. B. Cette Motion a été unanimement adop-
tée par les Amis de la Conftitution de Marfeille , dans la féance du 18 Octobre , les Rè-
glemens n'ayant pas permis de délibérer dans la
féance publique du 16 du même mois.*

A MARSEILLE,
De l'Imprimerie de A. Mossy, le jeune, Imprimeur de
la Nation & du Roi, vis-à-vis la Pierre-qui-rage, Ifle
560, Maifon N°. 10. 1791.

www.ingramcontent.com/pod-product-compliance
Lightning Source LLC
Chambersburg PA
CBHW061805060726

47597CB00007B/3116